Inhalt

Renditejagd - Investitionsstrategien in turbulenten Märkten

Kernthesen

Beitrag

Fallbeispiele

Weiterführende Literatur

Impressum

Renditejagd - Investitionsstrategien in turbulenten Märkten

Gerhard Dengl

Kernthesen

- Für Investoren wird es immer dann besonders schwierig, wenn die Märkte keinen Trend erkennen lassen. Das ist zurzeit der Fall: Daher ist Entwicklung in so gut wie allen Anlageklassen auch nicht prognostizierbar.
- Aktien gelten als wenig aussichtsreich, Anleihen - egal, ob von Staaten oder großen Unternehmen - sind wegen der aktuellen Währungskrise von Euro und US-Dollar nur mit Vorsicht zu genießen. Sogar Gold und Schweizer Franken versprechen keine Rendite mehr.

- Um von der unklaren Seitwärtsbewegung der Märkte zu profitieren, bedarf es Strategien, die genau daraus Rendite schöpfen. Eine Möglichkeit besteht darin, über Zertifikate direkt in die Volatilität zu investieren oder indirekt davon zu profitieren, beispielsweise über die Straddle-Strategie.

Beitrag

Investoren, die sichere Anlagemöglichkeiten suchen, haben kaum Alternativen. Gold und Schweizer Franken sind zwar Optionen, beide Anlageformen haben aber auch massive Nachteile. Gold verursacht hohe Lagerkosten und ist nicht besonders liquide; und seit der Schweizer Franken quasi an den Euro gekoppelt ist, bringt es nicht mehr viel, in ihn zu investieren.

Auch Anleihen großer Firmen genießen kein Vertrauen mehr

Gerade in unruhigen Zeiten entschieden sich Investoren in der Vergangenheit häufig für vergleichsweise sichere Branchen wie Telekommunikations- oder Versorgungsbetriebe.

Heutzutage sind auch diese nicht mehr verlässlich. Wenn Staaten wie Italien vor der Pleite stehen, sorgt das auch für Volatilität bei Quasi-Staatsbetrieben wie der Telecom Italia. Selbst Energieversoger sind volatil geworden, seit sich in der Energiepolitik eine Wende abzeichnet. (1)

Flucht in US-Staatsanleihen

Tatsächlich ist ein Trend erkennbar, mehr in US-Staatsanleihen zu investieren. Dies mutet auf den ersten Blick seltsam an, wurden diese doch jüngst von der Ratingagentur Standard & Poors heruntergestuft. Gerade diese Abwertung macht sie aber attraktiv. Anleger hoffen auf höhere Renditen, da niemand ernsthaft an einen Ausfall der USA glaubt. Dennoch: Die Probleme der USA sind diesmal viel tiefgreifender als noch im Jahr 2008, als Lehman Brothers zusammenbrach oder 2000, als die Dot-Com-Blase platzte. Zwar handelte es sich auch damals um Börsenabstürze; die Schockwellen wurden aber von der amerikanischen Zentralbank aufgefangen, indem sie die Leitzinsen senkte und so mehr Geld in den Wirtschaftskreislauf pumpte. Dieses Kunststück wird diesmal kaum gelingen, denn die Zinsen befinden sich schon nahe am Nullpunkt. Dass die amerikanische Wirtschaft in absehbarer Zeit wieder auf die Füße kommt, ist daher tatsächlich nicht sicher. (3)

Flucht in Emerging-Markets-Anleihen

Weitere attraktive Anlagen sind derzeit Anleihen aus Schwellenländern wie Russland, China oder Brasilien. Sie versprechen hohe Renditen. Auch die Länder selbst sind in guter Verfassung. Die Schuldenquote in den Emerging Markets pendelt beispielsweise um die 40 Prozent. Das ist kein Vergleich zur Euro-Zone, in der der Schuldenstand im Schnitt 85 Prozent der Wirtschaftsleistung beträgt. Ein Aspekt, der allerdings berücksichtigt werden muss, ist die Inflationsentwicklung in diesen Ländern. (1)

Aktienanlagen für institutionelle Anleger derzeit nicht ratsam

Die Börsenkurse erinnern zurzeit an eine Achterbahnfahrt. Aufgrund der starken Volatilitäten, sogar während eines Handelstages, halten sich Experten und institutionelle Anleger bei dieser Anlageform zurück. Zu wenig prognostizierbar ist die Entwicklung. Zieht man noch in Betracht, dass für die kommenden Jahre kein großes Wachstum erwartet wird, ist klar, warum selbst langfristige Engagements nicht eingegangen werden. Die Konjunktursorgen kommen zur Unzeit, denn Aktien sind derzeit grundsätzlich sehr günstig bewertet - eigentlich ein Kaufsignal. Doch ehe die Euro-Schuldenkrise nicht beigelegt ist, ist unklar, welche Unternehmen die Hauptlast tragen werden. (2)

Trends

Bonus-Zertifikate sind ideal bei Seitwärtsbewegungen

In der aktuellen Situation empfehlen sich eigentlich nur Bonus-Zertifikate. Sie bieten sich zum Beispiel dann an, wenn Investoren die Erwartung hegen, dass ein Index wie der DAX über einen bestimmten Zeitraum nicht unter eine bestimmte Schwelle fällt. Bonus-Zertifikate funktionieren in diesem Fall wie eine Art Versicherung. Tritt der oben beschriebene Fall tatsächlich ein, wird ein Bonus ausgezahlt. Fällt der Index unter die Schwelle, hat der Anleger zwar den Preis des Zertifikats bezahlt, erhält aber keinen Bonus. Je höher die Schwelle, desto höher der Bonus. Trotzdem gilt: Auch Bonus-Zertifikate sind mit Vorsicht zu genießen, da der Markt sich zwar seitwärts bewegt, die Ausschläge nach oben und unten aber sehr groß sein können. Dann ist der Bonus-Anspruch schnell verfallen, obwohl sich mittelfristig kaum etwas tut. Eine gute Alternative sind daher Bonus-Zertifikate, die einen Verlust zum Laufzeitende ausschließen. Dabei wird zu Beginn ein bestimmter Kurs festgesetzt. Am Ende der Laufzeit, zum Beispiel nach sechs Jahren, wird dann verglichen, ob der zugrundeliegende Index unter oder über dem Kurs liegt. Bei diesem Zertifikat sind auch kurzfristige große Schwankungen bedeutungslos. (4), (6)

Straddle-Strategie

Diese Strategie ist für institutionelle Anleger recht einfach umzusetzen. Der Anleger kauft sowohl einen Call- als auch einen Put-Optionsschein mit identischem Basispreis und annähernd gleicher Laufzeit. Der Basispreis der beiden Optionsscheine befindet sich auf dem aktuellen Kursniveau des zugrundeliegenden Basiswerts, beispielsweise des DAX. Was auf den ersten Blick wie ein Widerspruch aussieht, Anleger setzen gleichzeitig auf fallende (Put) und steigende Kurse (Call), ist durchaus beabsichtigt, da Anleger bei dieser Strategie von der zunehmenden Volatilität profitieren wollen. Diese wirkt sich bei Call- und Put-Optionsscheinen gleich aus. Der Clou: Anleger mit Optionsscheinen profitieren stärker von einer positiven Kursentwicklung, als unter einer negativen zu leiden. Letztere ist nach unten durch einen Totalverlust begrenzt, während erstere nach oben theoretisch unbegrenzt ist. (8)

Fallbeispiele

Investition in Volatilitätsindizes

Wer in keinen Index investieren will, kann in die Volatilität eines Index investieren. Ein bekanntes Beispiel für einen Volatilitätsindex ist der CBOE-Volatility-Index, kurz VIX genannt. Er wird von der Chicago Board of Exchange (CBOE) berechnet und bildet die implizite Volatilität der Optionen auf den S&P 500 ab. Da eine direkte Investition in den VIX nicht möglich ist, existieren entsprechende Futures auf den Index. Durch den S&P 500 VIX Futures Enhanced Roll Index können sogar Rollverluste beim Tausch von alten in neue Futures vermieden werden. Ein neuer Lyxor Exchange Traded Fund (ETF), der sich auf den S&P 500 VIX Futures Enhanced Roll bezieht, eröffnet Investoren die Möglichkeit, die Anlage-Klasse-Volatilität auf einfache und kostengünstige Weise in ihre Depots aufzunehmen. (7)

Stillhaltergeschäfte nach Art des Straddles

Mit Stillhaltergeschäften senkt Vermögensverwalter Timon Heinrich das Aktienrisiko. Die Stillhalterstrategie bringt in "Seitwärtsmärkten" relativ verlässlich Erträge von sieben bis zehn Prozent. Steigen die Aktienkurse deutlich, ist der Anleger allerdings nicht mehr dabei. Grund ist der gleichzeitige Kauf von Call- und Put-Optionen nach Art des Straddles, um allein von der Volatilität zu profitieren. (9)

Weiterführende Literatur

(1) Zeitenwende bei Zinspapieren Staatsschuldenkrise und Konjunktursorgen werfen manche klassischen Muster der Anleihemärkte um. Investoren orientieren sich neu
aus Financial Times Deutschland vom 02.09.2011, Seite 2SA02

(2) Aktien nach dem jüngsten Kursrutsch niedrig bewertet
aus Frankfurter Allgemeine Zeitung, 30.08.2011, Nr. 201, S. 21

(3) Extremes Instrument

aus WirtschaftsWoche NR. 035 vom 29.08.2011 Seite 039

(4) Viele Bonuszertifikate bieten noch hohe Sicherheitspuffer
aus Frankfurter Allgemeine Zeitung, 06.09.2011, Nr. 207, S. 23

(5) Drohende Griechenland-Pleite schockiert Anleger Märkte
aus Financial Times Deutschland vom 13.09.2011, Seite 21

(6) Marktturbulenzen setzen Bonuszertifikaten zu Viele Papiere verlieren ihre Teilschutzfunktion - Kein Totalverlust - Alternativen zum Sofortverkauf prüfen
aus Börsen-Zeitung, 08.09.2011, Nummer 173, Seite 2

(7) Volatilität als eigene Anlage-Klasse nutzen Ein sich auf den S&P 500 VIX Futures Enhanced Roll Index beziehender ETF ermöglicht es, Volatilität einfach und kostengünstig in Depots aufzunehmen
aus Börsen-Zeitung, 17.09.2011, Nummer 180, Seite B5

(8) Je hektischer, desto besser Mit der Straddle-Strategie, die auf steigende wie fallende Kurse setzt, können Anleger von zunehmender Unsicherheit profitieren
aus Financial Times Deutschland vom 07.09.2011, Seite 22

(9) "Wir mögen Aktien, aber wir glätten die Risiken"

aus Frankfurter Allgemeine Zeitung, 01.02.2011, Nr. 26, S. 20

Impressum

Renditejagd - Investitionsstrategien in turbulenten Märkten

Bibliografische Information der deutschen Nationalbibliothek

Die Deutsche Nationalbibliothek verzeichnet diese Publikation in der deutschen Nationalbibliografie; detaillierte bibliografische Daten sind im Internet über http://dnb.d-nb.de abrufbar.

ISBN: 978-3-7379-0513-8

© 2015 GBI-Genios Deutsche Wirtschaftsdatenbank GmbH, Freischützstraße 96, 81927 München, www.genios.de

Alle Rechte vorbehalten. Dieses Werk ist einschließlich aller seiner Teile – z.B. Texte, Tabellen und Grafiken - urheberrechtlich geschützt. Jede Verwertung außerhalb der Grenzen des Urheberrechtsgesetzes bedarf der vorherigen Zustimmung des Verlags. Dies gilt insbesondere auch für auszugsweise Nachdrucke, fotomechanische

Vervielfältigungen (Fotokopie/Mikroskopie), Übersetzungen, Auswertungen durch Datenbanken oder ähnliche Einrichtungen und die Einspeicherung und Verarbeitung in elektronischen Systemen.